羽毛球基本技术图解

汤雪芝 杨 宁 李勇杰 主编

西北工业大学出版社

西 安

图书在版编目(CIP)数据

羽毛球基本技术图解 / 汤雪芝,杨宁,李勇杰主编. — 西安：西北工业大学出版社，2023.12
ISBN 978 - 7 - 5612 - 9134 - 4

Ⅰ.①羽⋯ Ⅱ.①汤⋯ ②杨⋯ ③李⋯ Ⅲ.①羽毛球运动-运动技术-图解 Ⅳ.①G847.19 - 64

中国国家版本馆 CIP 数据核字(2023)第 242586 号

YUMAOQIU JIBEN JISHU TUJIE
羽 毛 球 基 本 技 术 图 解
汤雪芝　杨宁　李勇杰　主编

责任编辑：陈　瑶	策划编辑：李　萌
责任校对：万灵芝	装帧设计：董晓伟

出版发行：	西北工业大学出版社	
通信地址：	西安市友谊西路 127 号	邮编：710072
电　　话：	(029)88491757，88493844	
网　　址：	www.nwpup.com	
印　刷　者：	陕西金和印务有限公司	
开　　本：	710 mm×1 000 mm	1/16
印　　张：	8.5	
字　　数：	166 千字	
版　　次：	2023 年 12 月第 1 版	2023 年 12 月第 1 次印刷
书　　号：	ISBN 978 - 7 - 5612 - 9134 - 4	
定　　价：	68.00 元	

如有印装问题请与出版社联系调换

前　言

羽毛球是一项实践性非常强的运动，广受大学生的喜爱。在"互联网+"时代背景下，随着教育信息化水平的提升及羽毛球课程教学改革的不断推进，传统的课堂教学模式及学生的学习方式正在发生翻天覆地的变化。智能手机等移动终端正在被广泛地应用到教学活动中，仅以纸质教材为媒介的课堂教学已经不能满足新时期教学发展的需要。因此，在发挥纸质教材优势的基础上，利用二维码技术，笔者编写了结合数字化新媒体资源的新形态羽毛球课程教材。

本教材共七章。第一章主要介绍羽毛球基本知识，包括器材、场地、装备、比赛制度等。第二章主要介绍羽毛球热身运动，包括头部运动、肩关节运动、手臂运动、腰部运动、膝关节运动、腿部运动、手腕运动、脚踝运动等。第三章主要介绍羽毛球的基本技术，包括握拍技术、颠球技术等。第四章主要介绍羽毛球发球技术，包括接发球、正手网前发球、反手网前发球、正手发高远球、反手发高远球、正手发平快球、反手发平快球等。第五章主要介绍羽毛球网前技术，包括正手挑球、反手挑球、正手推球、反手推球、正手放网、反手放网、正手搓球、反手搓球、正手勾球、反手勾球、正手扑球、反手扑球等。第六章主要介绍羽毛球中场技术，包括正手挡网（接杀）、反手挡网（接杀）、正手抽球和反手抽球等。第七章主要介绍羽毛球后场技术，包括高远球、吊球和杀球等。

本教材由西北工业大学体育部汤雪芝、杨宁、李勇杰共同编写，由汤雪芝统稿。在编写过程中，参阅了相关文献、资料，在此，谨向其作者深表谢意。

由于水平所限，书中不妥之处在所难免，敬请广大读者批评指正。

编　者

2023 年 9 月

目 录

第一章 羽毛球基本知识 ··· 1
第一节 器材介绍 ··· 1
第二节 场地介绍 ··· 4
第三节 装备介绍 ··· 5
第四节 比赛制度介绍 ··· 8

第二章 热身运动 ··· 11
第一节 头部运动 ··· 11
第二节 肩部绕环 ··· 13
第三节 扩胸运动 ··· 15
第四节 肩部伸展运动 ··· 17
第五节 体转运动 ··· 19
第六节 腿部拉伸运动 ··· 21
第七节 腰部拉伸运动 ··· 22
第八节 正、侧压腿 ··· 23
第九节 颠球练习 ··· 25

第三章 基本技术 ··· 27
第一节 握拍技术 ··· 27
第二节 颠球技术 ··· 31
第三节 准备动作 ··· 33

第四章　发球技术 ... 36

　第一节　接发球 ... 36
　第二节　正手网前发球 ... 37
　第三节　反手网前发球 ... 39
　第四节　正手发高远球 ... 42
　第五节　反手发高远球 ... 44
　第六节　正手发平快球 ... 46
　第七节　反手发平快球 ... 48

第五章　网前技术 ... 51

　第一节　正手网前挑球 ... 51
　第二节　反手网前挑球 ... 53
　第三节　正手网前推球 ... 57
　第四节　反手网前推球 ... 60
　第五节　正手网前放网 ... 62
　第六节　反手网前放网 ... 63
　第七节　正手网前搓球 ... 64
　第八节　反手网前搓球 ... 65
　第九节　正手网前勾球 ... 66
　第十节　反手网前勾球 ... 69
　第十一节　正手网前扑球 ... 70
　第十二节　反手网前扑球 ... 73

第六章　中场技术 ... 76

　第一节　正手直线(斜线)挡网(接杀) ... 76
　第二节　反手直线(斜线)挡网(接杀) ... 81
　第三节　正手抽球 ... 84
　第四节　反手抽球 ... 90

目　录

第七章　后场技术 ··· 96
　　第一节　高远球 ··· 96
　　第二节　吊球 ·· 114
　　第三节　杀球 ·· 124

参考文献 ·· 127

第一章 羽毛球基本知识

第一节 器材介绍

一、羽毛球拍

羽毛球拍由拍框、拍头、拍杆与拍柄组成,如图1-1所示。在20世纪70年代,羽毛球运动刚刚兴起,当时球拍完全由木材制成,重量在100 g以上。随着该运动项目的专业化,人们开始尝试使用木材以外的材质制作球拍。一开始,使用轻金属、钢铁、铝合金制作拍杆和拍框,后来使用碳石墨(来自碳沥青的人造纤维)、玻璃纤维和合成纤维等。这些材料的弹性非常好,而且比钢铁坚固得多。有弹性的球杆能够让球员使用更多鞭打的力量击球,让球飞得更快。

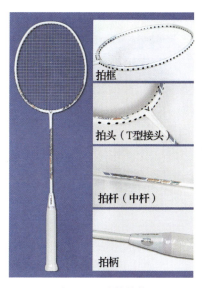

图1-1 球拍结构

新材料的应用使球拍变得更轻且更灵活。目前,高级球拍的重量在 85 g 左右,球拍的绷线强度可以达到最高 14 kg,但拍头的灵活性会降低击球准度。(经验法则是:拍框越硬,击球越准确)

羽毛球拍一般分为头重型、头轻型与平衡型三种。头重型球拍在杀球时可以提供更好的加速度;头轻型球拍准确性较好,更适合防守;平衡型球拍是两者的折中。测试球拍属于哪一类型(头重型、头轻型、平衡型)的方法是,将拍杆与拍头的连接点放在食指上,观察球拍的平衡情况。

传统的拍头是椭圆形的,可以极大地提高球的加速度,因此取代了早期水滴形状的球拍。等距的拍头形状也很常见,这种球拍的拍头顶部是圆形的,可以增大最佳击球区域,即所谓的"甜区"。整个球拍不能长于 68 cm(26.8 英寸),不能宽于 23 cm(9 英寸),拍框的最大尺寸是 28 cm(11 英寸)×22 cm(8.7 英寸)。

与普通球拍相比,高级球拍的特点是扭力(拍杆的抗扭刚度)低,测量方法是观察拍头沿拍杆纵轴向左或向右旋转的程度。使用低扭力球拍边缘而非中心位置击球,其击球效果与使用普通球拍中心位置的击球效果差不多。

二、羽毛球

羽毛球可由天然材料、人造材料或天然材料和人造材料两者混合制成。只要球的飞行性能与用天然羽毛和包裹羊皮的软木球托制成的球的性能相似即可。羽毛球的结构如图 1-2 所示。

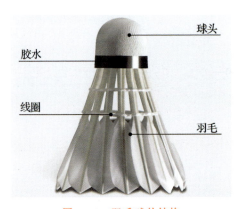

图 1-2 羽毛球的结构

1. 一般式样

(1)羽毛球应有 16 根羽毛固定在球托部。

(2)羽毛长 62~70 mm,每一个球的羽毛从托面到羽毛尖的长度应一致。

(3)羽毛顶端围成圆形,直径为58～68 mm。
(4)羽毛应用线或其他适宜材料扎牢。
(5)球托直径25～28 mm,底部为圆形。

2．羽毛球重量

羽毛球的重量一般为4.74～5.50 g。

3．非羽毛制成的球

(1)用合成材料制成裙状或羽毛状。
(2)尺寸和重量同天然羽毛,但由于合成材料与天然羽毛在比重、性能上的差异,可允许不超过10%的误差。

4．球的检验

(1)验球时,站在端线外,用低手向前上方全力击球,球的飞行方向须与边线平行。
(2)一个具有正常速度的球,应落在离对方端线530～990 mm的区域内。

5．非标准球

对于非标准球,只要球的一般式样、速度和飞翔性能不变,经有关国家组织批准,可以变通以上条款。以下情况可以使用非标准球:
(1)由于海拔或气候等条件不宜使用标准球时。
(2)如情况特殊,必须更改才有利于开展比赛时。

三、球网与网柱

球网与网柱如图1-3所示。

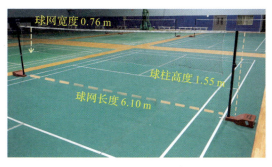

图1-3 球网与网柱

1．球网

(1)球网由深色、优质的细绳织成。网孔方形,各边长均在15～20 mm之间。

(2)球网宽 0.76 m,长 6.10 m。

(3)网的顶端用 75 mm 的白布对折而成,用绳索或钢丝从夹层穿过。白布边的上沿必须紧贴绳索或钢丝。

(4)绳索或钢丝须有足够的长度和强度,能牢固地拉紧并与网柱顶部取平。

(5)球场中央网高 1.52 m,双打边线处网高 1.55 m。

(6)球网的两端必须与网柱系紧,之间不应有空隙。

2. 网柱

(1)从球场地面起,网柱高 1.55 m。网柱必须稳固地同地面垂直,并使球网保持紧拉状态。网柱应放置在双打的边线上。

(2)如不能设置网柱,必须采用其他办法标出边线通过网下的位置。例如,使用细柱 40 mm 宽的条状物固定在边线上,垂直向上到网顶绳索处。

(3)在双打球场上,不论进行的是双打还是单打比赛,网柱或代表网柱的条状物均应置于双打边线上。

第二节 场地介绍

图 1-4 为羽毛球场地示意图,场地长 13.40 m,双打宽 6.10 m,单打宽 5.18 m,双打球场对角线长 14.72 m,单打球场对角线长 14.37 m。国际比赛采用化学合成材料制成的移动式塑胶球场。在基层的各级比赛中,当达不到上述条件的要求时,也可以在水泥地或三合土地面上进行比赛。不论是哪种地面,都必须保证运动员在比赛中不会感到太滑或太黏,并有一定的弹性。

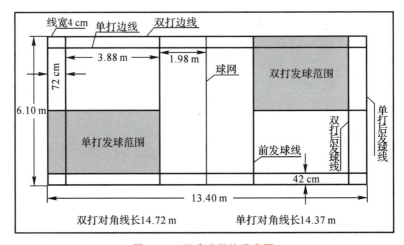

图 1-4 羽毛球场地示意图

如图1-4所示,球场线包括边线、前发球线、双打后发球线和单打后发球线(端线)。

(1)边线(单打、双打)。内侧是单打边线,外侧是双打边线。如果球落到边线外侧,即判为出界。

(2)前发球线。发球时如果踩线或者越线,判为违例。

(3)双打后发球线。双打发球时,必须站在前发球线和双打后发球线的之间区域。

(4)单打后发球线(即端线)。如果球落到端线外侧,就判为出界。

第三节　装备介绍

一、羽毛球服

羽毛球服一般分为大赛服(见图1-5)和训练服(见图1-6)。

图1-5　大赛服

图1-6　训练服

早期,羽毛球作为"贵族运动",服装以白色的轻便套装为主,面料则多采用较薄的棉布。直到20世纪50年代,球衣大多数还都是以白衬衣为主,不过不再全是长袖、长裤,出现了短袖、短裤。羽毛球衣的样式没有太大变化,主流还是白色的翻领短袖。

20世纪70年代中期,羽毛球衣的剪裁更加合身。男士除了球衣,还多了一件针织背心的搭配选择,裤子则变得更短。女士球衣出现了无袖背心款。服装面料的选择,除了棉质,开始出现混纺面料。球衣纹饰从单一的纯色到条纹或者色块的颜色设计,但主流还是白色、小翻领的短袖。

20世纪90年代末,羽毛球衣开始流行宽松又飘逸的款式,以宽松短袖+翻领为主,下装短裤则有一些收口的设计。

2008年北京奥运会后,无领上衣逐渐流行起来,现在的大赛中几乎已看不到有人穿翻领短袖了。短裤的款式慢慢宽松起来,无袖、连衣裙的款式越来越多。球衣的纹饰、色块的设计更加多样,色彩明亮起来。

球衣的功能性越来越强,设计越来越人性化。像某品牌的 Perfect-DRY 面料,它通过纤维表面的微细沟槽产生的毛细现象,将肌肤表面的汗水经由芯吸、扩散、传输、迅速吸收发散,使织物快干,同时排出身体的热气,使肌肤保持干爽。球衣在满足运动舒适和方便的同时还能吸湿排汗,让运动过程中球员的体感更加清爽。除了传统意义上的球衣,羽毛球运动服饰还出现了符合时下热点、审美的文化衫,以此来展现羽毛球运动的独特个性,穿着场景也从球场延伸到日常生活。

二、羽毛球鞋

羽毛球鞋如图1-7所示。

图1-7 羽毛球鞋

一双专业的羽毛球鞋能够满足球员在缓震、支撑、透气、防滑等方面的需求，不但能改善球员的球场状态，还能提供更加专业的运动防护。

羽毛球属于三维运动，球鞋除了需要提供前后、左右这类水平方向上的保护外，还要为跳跃、落地提供支撑和减震的功能，同时兼顾灵活性。羽毛球比赛中急停急起、跳跃旋转等动作经常出现，这些都会增加球员脚踝、半月板等部位受伤的风险，所以，在羽毛球鞋的选购上马虎不得。

一双好的羽毛球鞋，首先应该是适合自己脚型的，否则性能再好也不能帮助球员有更好的发挥。满足"合脚"这个前提之后，我们需要关注一双专业的羽毛球鞋应具备的特点。

（1）缓震性。这是决定一双羽毛球鞋的品质的核心因素之一。通常来说，羽毛球鞋的不同区域有着不同的功效，前脚掌部分的缓震可以同时助力球员的快速启动，而足跟处的缓震则更单纯一些——最大限度地卸力以减轻膝盖的压力。

（2）防滑性。打球过程中需要前后左右急停、急转，鞋底应采用止滑橡胶材料。根据步伐特性，羽毛球鞋的防滑方向应该是多方向的，在鞋底不同区域设计不同的纹路，可以大幅度提升抓地能力。

（3）耐磨性。羽毛球的步法与其他运动的步法不同，专业的羽毛球鞋会根据羽毛球运动的步伐特性，在比较容易磨损的地方有专门的设计。例如，右手持拍时，左脚前内侧拖动较多，磨损特别厉害，因此应有相应的耐磨设计。鞋身的耐磨设计可以保证羽毛球鞋的耐穿度。

三、羽毛球袜

羽毛球袜如图 1-8 所示。

图 1-8　羽毛球袜

羽毛球袜指专门在羽毛球运动时穿着的袜子。大多数球友热衷去选择球鞋，往往忽略了羽毛球袜的作用。在很多人的观念中，普通的袜子只要质量好点，就能穿着去打球。这样的想法没有错，只不过，专业性更强的羽毛球袜比起普通的袜子在羽毛球运动过程中可以带来更多重要的帮助,甚至提升打球体验。

羽毛球袜的功能:

(1)针对性加厚,缓冲减震。球袜在底部的一些受力部位通常会用特殊的织法加厚,在落地过程中能够提供一定的缓冲作用。

(2)充实鞋内,防止脚在鞋内打滑摩擦。球袜外底通常像毛巾一样填充脚底与鞋内的空间,有效预防脚底摩擦而起水泡,辅助更好地起动。

(3)快速吸汗。在运动中脚部会有大量汗水排出,球袜可以更快地吸收汗水,减少脚部的湿热感,保持足底干燥。

(4)弹力包裹。高、中筒球袜对于脚踝和后跟提供一定的支撑保护,降低激烈运动中受伤的风险。短筒和船袜也会在袜口位置加强弹性,所以在运动中不易脱落。

第四节　比赛制度介绍

一、计分方法

羽毛球比赛采用 21 分制,每场 3 局 2 胜。计分时采用每球得分制,每回合中,取胜的一方加 1 分;分数先达到 21 分的一方在该局获胜;当双方均为 20 分时,领先对方 2 分的一方赢得该局比赛。当双方均为 29 分时,先取得 30 分的一方赢得该局比赛,一局比赛的获胜方在下一局率先发球。

二、场区规则

(1)以下情况,运动员应该交换场区:
1)第一局比赛结束;
2)第三局比赛开始;
3)第三局或只进行一局比赛时,一方分数达到 11 分时。

(2)如果运动员未按以上规则交换场区,一经发现,双方在死球时立即交换,已得分数有效。

三、发球规则

比赛采用发球得分制,赢球得分者即可获得发球权。一局中,发球员的分数为 0 或双数时,双方运动员均应在各自右发球区发球或接发球;发球员得分为单数时,双方运动员均应在各自左发球区发球或接发球。

以下情况,运动员应重发球。重发球时,最后一次发球无效,原发球员重发球。

(1)遇到不能预见的意外情况。

(2)除发球外,球过网后挂在网上或停在网带上。

(3)发球时,发球员和接发球员同时违例。

(4)发球员在接发球员未做好准备时发球。

(5)比赛进行中,球托与球的其他部分完全脱离。

(6)司线员未看清球的落点,裁判员也不能做出决定。

四、比赛间歇

(1)每局比赛,一方分数达到11分时,进行1分钟的技术暂停,双方运动员进行擦汗、喝水等活动,教练在此时可以进入非比赛场地区域对运动员进行技术指导。

(2)每局比赛之间允许有2分钟的间歇。

除上述两种情况外,比赛自第一次发球开始至该场比赛结束应该是连续的。除非有特殊情况(例如,比赛地胶区域湿了、运动员的鞋带松了、医疗暂停、羽毛球打坏等)发生,运动员不可再提出中断比赛的要求。

五、违例示范

(1)连击。运动员在击球时两次挥拍连续击球两次,或同队两名队员连续各击球一次。

(2)持球。击球时,球停滞在拍上紧接着又有拖带动作。

(3)过网击球。球拍与球的接触点不在击球者一方(若在本方击球后,则球拍允许随球过网)。

(4)触网。比赛进行中,运动员的球拍、身体或衣服触及球网或球的支撑物。

(5)侵入对方场区。比赛进行中,运动员的球拍和身体任何部分侵入对方的场区。

(6)妨碍。当对方在靠近网前上空有机会向下击球时,运动员将球拍在网前举起企图拦截使球反弹过去。

中国共产党第二十次全国代表大会(以下简称党的二十大)报告指出:"到二〇三五年,我国发展的总体目标是:经济实力、科技实力、综合国力大幅跃升,人均国内生产总值迈上新的大台阶,达到中等发达国家水平;实现高水平科技自

立自强,进入创新型国家前列;建成现代化经济体系,形成新发展格局,基本实现新型工业化、信息化、城镇化、农业现代化;基本实现国家治理体系和治理能力现代化,全过程人民民主制度更加健全,基本建成法治国家、法治政府、法治社会;建成教育强国、科技强国、人才强国、文化强国、体育强国、健康中国,国家文化软实力显著增强。"

2035年建成体育强国是我国体育事业发展的战略目标,是我国国家整体发展的重要组成部分,也是全面建设社会主义现代化国家的一个重要目标,同时,也是对我国体育事业发展发出的新的动员令。

第二章　热身运动

羽毛球的运动量是很大的,而且在运动的过程中多是急停和急走,所以,运动前的热身运动尤为重要。不管运动水平高低、打球时间长短,在运动前都需要进行一定量的热身运动,让全身的肌肉放松。这样能有效地避免在运动中因肌肉紧张而产生的运动损伤。热身运动的作用并不单单是让肌肉放松,进入运动状态,还有一个作用就是熟悉常用动作(上肢),熟悉步法(下肢),在接下来的比赛中更快进入状态。

热身的具体作用:
(1)提高肌肉温度和体温,提高运动安全性。
(2)促进血流量增加,加快氧气的扩散,增加肌肉供氧。
(3)促进物质代谢,加强能量释放,加速燃脂。
(4)提高神经系统的兴奋性,提升运动效果。
(5)熟悉常用上肢动作和下肢步法。
(6)调节心理状态,快速进入运动状态。

热身的时间:身体微微出汗,便可以结束热身运动,也可以心跳次数作为热身运动结束的标准。热身运动时的心率达到最大运动心率的60%～70%即可。

第一节　头部运动

(1)身体自然站立,双脚分开与肩同宽,双手叉腰,如图2-1所示。
(2)向下低头,如图2-2所示。

图 2-1 头部运动(1)

图 2-2 头部运动(2)

(3)沿顺时针方向,头部向右侧开始转动一圈,如图 2-3 所示。

(4)继续顺时针方向,头部转至后方,如图 2-4 所示。

(5)继续顺时针方向,头从后方转至左侧前方,如图 2-5 所示。

(6)头部 360°环绕一周后,回到起始位置,再逆时针 360°方向转动,如图 2-6 所示。

图 2-3 头部运动(3)

图 2-4 头部运动(4)

第二章 热身运动

图 2-5 头部运动(5)

图 2-6 头部运动(6)

注意：做此动作时，身体处于放松状态，同时身体保持不动，仅头部转动。

第二节 肩部绕环

(1)身体自然站立，双脚分开与肩同宽。肩部放松且保持平直，双臂自然垂于体侧，如图 2-7 所示。

图 2-7 肩部绕环(1)

— 13 —

(2)大臂抬高与肩齐平,并将手放在肩部,如图 2-8 所示。

图 2-8　肩部绕环(2)

(3)双肘下沉,内合相对,如图 2-9 所示。

图 2-9　肩部绕环(3)

(4)从下往上,从内往外做绕环,如图 2-10 所示。
(5)双臂绕至身体两侧,如图 2-11 所示。
注意:整个动作过程中,都要保持背部挺直,双肘向前绕时,一定要使肘尖相对,以最大限度地舒展肩关节。

图 2-10　肩部绕环(4)

图 2-11　肩部绕环(5)

第三节　扩胸运动

(1) 身体自然站立,眼睛目视前方。小臂、大臂皆与肩齐平,双手相对置于胸前,如图 2-12 所示。

(2) 小臂不动,大臂往后伸展,同时继续与肩齐平,如图 2-13 所示。

图 2-12 扩胸运动(1)

图 2-13 扩胸运动(2)

(3)小臂向后伸展,手心向上,直至与肩成180°角,如图2-14所示。

图 2-14 扩胸运动(3)

第四节　肩部伸展运动

(1)右手向上伸,掌心对正前方;左手自然垂直,掌心对后方,如图 2-15 所示。
(2)左右双臂同时向身后小幅度移动,如图 2-16 所示。

图 2-15 肩部伸展运动(1)

图 2-16　肩部伸展运动(2)

(3)左手向上伸,掌心对正前方。右手自然垂直,掌心对后方,如图 2-17 所示。

图 2-17　肩部伸展运动(3)

(4)左右双臂同时向身后小幅度移动,如图 2-18 所示。

第二章 热身运动

图 2-18 肩部伸部运动(4)

第五节 体转运动

(1)双脚与肩同宽,自然站立。大臂、小臂抬至腰部以上,双手握拳置于胸前,眼睛目视前方,如图 2-19 所示。

图 2-19 体转运动(1)

(2)下半身不动,保持双臂姿势不变,腰部及上半身向左转 45°,然后回正,如图 2-20 所示。

图 2-20 体转运动(2)

(3)下半身不动,保持双臂姿势不变,腰部及上半身向右转 45°,然后回正,如图 2-21 所示。

图 2-21 体转运动(3)

第六节　腿部拉伸运动

(1)双脚分立站开,双手向上打开,掌心向前,如图 2-22 所示。

(2)下半身不动,腰部及上半身向后拉伸,胯部前顶,如图 2-23 所示。

图 2-22　腿部拉伸运动(1)

图 2-23　腿部拉伸运动(2)

(3)下半身依旧保持不动,腰部及上半身从后向前至下,如图 2-24 所示。

注意:腿部一定要绷直,循序渐进,重心下压。

(4)根据动作(3)继续上半身重心下压,直至双手触摸地面,如图2-25所示。

图2-24　腿部拉伸运动(3)

图2-25　腿部拉伸运动(4)

第七节　腰部拉伸运动

(1)双脚自然站立,与肩同宽。左手在头部上方抓住右臂肘关节。保持腿部站立姿势,上身向左侧屈,至腰部右侧肌肉有拉伸感,然后回正,如图2-26所示。

第二章 热身运动

图 2-26 腰部拉伸运动(1)

（2）双脚自然站立，与肩同宽。右手在头部上方抓住左臂肘关节。保持腿部站立姿势，上身向右侧屈，至腰部左侧肌肉有拉伸感，然后回正，如图 2-27 所示。

图 2-27 腰部拉伸运动(2)

第八节　正、侧压腿

（1）右腿向正前方蹬跨一步，屈膝。左腿绷直，整体成弓箭步。两只脚尖都对着正前方。重心下压重复压腿，双手插在腰间，核心稳定，切勿来回晃动，如图 2-28 所示。

图 2-28 正、侧压腿(1)

(2)左腿向正前方蹬跨一步,屈膝。右腿绷直,整体成弓箭步。两只脚尖都对着正前方。重心下压重复压腿,双手插在腰间,核心稳定,切勿来回晃动,如图 2-29 所示。

图 2-29 正、侧压腿(2)

注意:膝盖不超过脚尖。

(3)左腿屈膝,右腿向右侧绷直,重心在左腿上,开始重复向下压腿,核心稳定,切勿来回晃动,如图 2-30 所示。

图 2-30 正、侧压腿(3)

(4)右腿屈膝,左腿向左侧绷直,重心在右腿上,开始重复向下压腿,核心稳定,切勿来回晃动,如图 2-31 所示。

图 2-31 正、侧压腿(4)

第九节 颠球练习

(1)用正确的正手握拍技术(详见第三章)握住羽毛球拍,拍面朝上。紧接着用拍面击打羽毛球的球托,如图 2-32 所示。

图 2-32 颠球练习(1)

(2)手腕、手指发力,轻微击打羽毛球,如图 2-33 所示。

图 2-33　颠球练习(2)

注意:

(1)击球点不能离身体太近,不利于放松发力;也不能离身体太远,容易接不到球。最佳击球点在球拍中杆加小臂的距离。

(2)不要使大力去击打球,先熟悉空中的球感,掌握击球的连续性。

思政之窗

党的二十大报告指出:"教育是国之大计、党之大计。培养什么人、怎样培养人、为谁培养人是教育的根本问题。育人的根本在于立德。全面贯彻党的教育方针,落实立德树人根本任务,培养德智体美劳全面发展的社会主义建设者和接班人。坚持以人民为中心发展教育,加快建设高质量教育体系,发展素质教育,促进教育公平。"

在培养全面发展的社会主义接班人的过程中,体育作为教育事业的重要组成部分,发挥了重要作用。我们要积极地发挥体育的教育功能,把体育教育融入德育智育,促进学生全面发展,将青少年培养成为祖国建设的栋梁之才。

第三章 基本技术

羽毛球基本技术包括握拍技术、颠球技术和准备动作。

在羽毛球的整个技术动作中,握拍是最基础的技术,同时也是人体感觉与球拍最直接接触的部分。握拍控制直接反馈到大脑,大脑再作用于握拍动作。握拍同时也是最细腻的动作之一,球场上的不同位置,每种方式的握拍击球,都会稍微不同,这就要求我们在规范握拍动作基础上去体会和改善动作。

颠球技术要求运动员不仅要有出色的眼手协调能力和手腕灵活性,还需要不断练习和提高,才能获得更高的技巧和水平。首先,练习颠球需要集中精力并专注于运动,这将有助于提高注意力水平,帮助我们更好地应对日常生活中出现的紧张情况。其次,颠球需要身体的协调性和灵活性,提高手眼协调能力和反应速度,会刺激大脑和神经系统,从而增强身体机能和反应性能。最后,颠球可以为我们的情绪健康作出贡献,能够带来乐趣和满足感,同时减少压力和焦虑。

第一节 握拍技术

正确的握拍方式是有效击球的基础,也是提升水平所必不可少的。这也是实现完美引拍、完美力量传递和在正确位置击球的唯一途径。握拍分为正手握拍和反手握拍。

一、正手握拍

以右手持拍为例,正手握拍的姿势如图3-1所示,其动作要领如下:

(1)左手提住羽毛球拍的拍框,使球拍自然与地面垂直。

(2)右手以与对方握手的姿势自然伸展开来。

(3)虎口(大拇指与食指的连接处)与手心对贴着球拍侧棱。

(4)大拇指与食指自然贴合两个宽面,其余三指自然握住羽毛球拍。

(5)羽毛球拍的末端与小鱼际齐平。

正手握拍

羽毛球基本技术图解

图 3-1　正手握拍

注意：手心与拍柄之间留有空隙，方便正反手握拍转换。

此外，还有其他角度正手握拍姿势，如图 3-2～图 3-5 所示。

图 3-2　正手握拍（左视图）

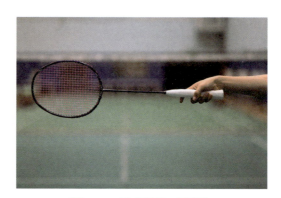

图 3-3　正手握拍（上视图）

图 3-4 正手握拍(右视图)

图 3-5 正手握拍(下视图)

二、反手握拍

仍以右手持拍为例,反手握拍的姿势如图 3-6 所示,其动作要领如下:

(1)大拇指的第一个关节贴住拍柄的宽面。
(2)其余四个手指顺势环绕球拍的拍柄。
(3)同时手心留有空隙。

反手握拍

羽毛球基本技术图解

图 3-6　反手握拍

此外，还有其他角度反手握拍姿势，如图 3-7~图 3-9 所示。

图 3-7　反手握拍（左视图）

图 3-8　反手握拍（上视图）

第三章　基本技术

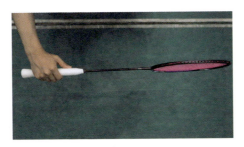

图 3-9　反手握拍(右视图)

错误的握拍姿势如图 3-10 所示。

图 3-10　错误握拍

第二节　颠球技术

一、方法

（1）身体自然站立，双脚稍稍分开，右手持拍放在腰部齐平位置。

（2）大臂不发力，小臂上抬。用手指、手腕向上击打羽毛球的球托。

（3）反手颠球，用正确的姿势反手握拍，自下而上击打球托即可。

正、反手颠球

二、目的

（1）颠球的目的是让初学者更好地掌握空中击球的感觉，锻炼其控球能力。建议初学者可以将球颠得稍微高点，这样有更多的时间去调整站位，方便击球。

（2）同时正反手颠球，也可以帮助初学者更好地练习正反手换拍。

图3-11～图3-14为颠球动作展示。

图3-11 正手颠球动作

图3-12 反手颠球动作(1)

图3-13 反手颠球动作(2)

图3-14 反手颠球动作(3)

注意：每次颠球时应注意拍面朝正上方，击打球托时，手臂不应发力太大，如图3-15所示。

图 3-15 颠球的击球瞬间

第三节 准备动作

(1)以右手持拍为例,身体(包括脚尖)正对着羽毛球网,右脚在前,左脚在后,如图 3-16 所示。

(2)双腿屈膝,重心往下。上半身前倾,双手放在胸前。

(3)眼睛目视前方(注意观察球的飞行位置)。

图 3-16 正视准备动作

羽毛球基本技术图解

下面从多角度展示准备动作,如图3-17~图3-19所示。

图3-17 准备动作(左视)

图3-18 准备动作(后视)

图3-19 准备动作(右视)

思政之窗

党的二十大报告指出:"广泛开展全民健身活动,加强青少年体育工作,促进群众体育和竞技体育全面发展,加快建设体育强国。"

这是对我国今后一个时期体育事业发展和体育工作安排提出的总体要求和重要部署,是我国体育战线工作的重要指导方针。我们党的体育工作始终坚持以人民为中心,一切为了人民的体质健康,增强人民体质最重要的途径和手段就是广泛开展全民健身运动。青年一代的体质健康和综合素质决定一个国家、一个民族的未来。党的二十大报告坚持问题导向,鲜明提出了"加强青少年体育工作"的要求,这是实现体育强国战略目标的关键,也是国家长盛不衰、民族永续兴旺的关键。群众体育和竞技体育是体育强国建设的两个重要基础标志,群众体育的普及程度和整体水平是一个国家国民体质健康的直接体现,竞技体育是一个国家体育实力和国际地位的体现,是体现体育强国整体建设水平的重要标志。

第四章 发球技术

发球技术是羽毛球基本技术之一,包括接发球、正手网前发球、反手网前发球、正手发高远球、反手发高远球、正手发平快球、反手发平快球等。

第一节 接 发 球

不同角度的接发球动作如图4-1～图4-3所示,其动作要领如下:

(1)以右手持拍为例,身体(包括脚尖)正对着羽毛球网,左脚在前,右脚在后。

(2)双腿屈膝,重心往下。上半身前倾,双手放在胸前。

(3)眼睛目视前方(注意观察球的飞行位置)。

图4-1 接发球动作(左视)

图4-2 接发球动作(右视)

图 4-3 接发球动作(后视)

第二节 正手网前发球

正手网前发球动作如图 4-4~图 4-7 所示,其动作要领如下:

(1)以右手持拍为例,左脚在前,右脚在后,站于中场,侧身对着羽毛球网。左手持球,手在眼睛的高度。右手持拍,手屈肘略微抬起。

正手网前发球

(2)重心前移,右脚蹬转,右手持拍,手向后向下引拍。

(3)继续左转,使身体正对着羽毛球网,右手持拍,手向前挥打,同时重心在左脚上。

(4)轻轻击打球。

图4-4 正手网前发球(正视1)

图4-5 正手网前发球(正视2)

图4-6 正手网前发球(正视3)

图4-7 正手网前发球(正视4)

图4-8~图4-11是从其他角度展示正手网前发球动作。

第四章 发球技术

图 4-8　正手网前发球(后视 1)

图 4-9　正手网前发球(后视 2)

图 4-10　正手网前发球(后视 3)

图 4-11　正手网前发球(后视 4)

第三节　反手网前发球

反手网前发球动作如图 4-12～图 4-15 所示,其动作要领如下:

(1)以右手持拍为例,右脚在前,左脚在后。注意,拍面放

反手网前发球

在胯部正前方，不要过腰。

(2)从下往上传导身体的力量，小臂跟手腕成一条直线，身体重心前移。

(3)右手将球拍往身体一侧拉近，引拍。留出距离，方便发力击球。

(4)左手将球松掉。右手放松握拍，靠手指、手腕用力，加速轻推羽毛球。

图 4-12　反手网前发球(正视 1)

图 4-13　反手网前发球(正视 2)

图 4-14　反手网前发球(正视 3)

图 4-15　反手网前发球(正视 4)

第四章 发球技术

图 4-16～图 4-19 是从其他角度展示反手网前发球动作。

图 4-16 反手网前发球(后视 1)

图 4-17 反手网前发球(后视 2)

图 4-18 反手网前发球(后视 3)

图 4-19 反手网前发球(后视 4)

羽毛球基本技术图解

第四节　正手发高远球

正手发高远球动作如图 4-20～图 4-23 所示,其动作要领如下:

(1)以右手持拍为例,左脚在前,右脚在后,双脚成丁字步。身体侧对着羽毛球网,左手持球,手在眼睛的高度。右手持拍,手屈肘略微抬起。

(2)自然丢球,使羽毛球自然垂直下落。同时,在丢球的过程中,右脚要蹬转,重心从右脚转至左脚。

(3)右手大臂带动小臂,内旋发力。

(4)拍面正对着羽毛球,击打完球后,球拍顺势往上,挥至左上方。

正手发高远球

图 4-20　正手发高远球(正视 1)

图 4-21　正手发高远球(正视 2)

图 4-22　正手发高远球(正视 3)

图 4-23　正手发高远球(正视 4)

图 4-24～图 4-27 是从其他角度展示正手发高远球动作。

图 4-24　正手发高远球(后视 1)

图 4-25　正手发高远球(后视 2)

图 4-26　正手发高远球(后视 3)

图 4-27　正手发高远球(后视 4)

羽毛球基本技术图解

第五节　反手发高远球

反手发高远球动作如图 4-28～图 4-31 所示，其动作要领如下：

(1)以右手持拍为例，右脚在前，左脚在后，双脚成交叉站位。

(2)左手持球，手抓住羽毛球的球毛，右手反手握拍，提住羽毛球拍。注意，拍面放在胯部正前方，不要过腰。

(3)羽毛球拍和球托成 45°角。

(4)回拉羽毛球拍，击球的瞬间小臂带动手腕，拇指前顶球拍发力，将球击出。

反手发高远球

图 4-28　反手发高远球(正视 1)

图 4-29　反手发高远球(正视 2)

图 4-30　反手发高远球(正视 3)

图 4-31　反手发高远球(正视 4)

图 4-32～图 4-35 是从其他角度展示反手发高远球动作。

图 4-32 反手发高远球(后视 1)

图 4-33 反手发高远球(后视 2)

图 4-34 反手发高远球(后视 3)

图 4-35 反手发高远球(后视 4)

第六节　正手发平快球

正手发平快球动作如图 4-36～图 4-39 所示，其动作要领如下：

（1）以右手持拍为例，左脚在前右脚在后，双脚成丁字步。身体侧对着羽毛球网，左手持球，手在眼睛的高度。右手持拍，手屈肘略微抬起。

（2）自然松球，使羽毛球自然垂直下落。同时，在丢球的过程中，右脚要蹬转，重心从右脚转至左脚。

（3）右手小臂带动手腕快速发力。

（4）球拍不过腰的情况下，击球点尽量高一点，使球又平又快到达对面。

正手发平快球

图 4-36　正手发平快球（正视 1）

图 4-37　正手发平快球（正视 2）

图 4-38　正手发平快球（正视 3）

图 4-39　正手发平快球（正视 4）

图 4-40～图 4-43 是从其他角度展示正手发平快球动作。

图 4-40　正手发平快球（后视 1）

图 4-41　正手发平快球（后视 2）

图 4-42　正手发平快球（后视 3）

图 4-43　正手发平快球（后视 4）

羽毛球基本技术图解

第七节　反手发平快球

反手发平快球动作如图4-44～图4-47所示,其动作要领如下:

(1)以右手持拍为例,右脚在前,左脚在后,双脚成交叉站位。

(2)左手持球,手抓住羽毛球的球毛,右手反手握拍,提住羽毛球拍。注意,拍面放在胯部正前方,不要过腰。

(3)羽毛球拍和球托成45°角。

(4)用小臂带动手腕回拉羽毛球拍,用爆发力一刹那将羽毛球击打出去,使球又快又平落到对面。

反手发平快球

图4-44　反手发平快球(正视1)

图4-45　反手发平快球(正视2)

图4-46　反手发平快球(正视3)

图4-47　反手发平快球(正视4)

图 4-48～图 4-51 是从其他角度展示反手发平快球动作。

图 4-48 反手发平快球(后视 1)

图 4-49 反手发平快球(后视 2)

图 4-50 反手发平快球(后视 3)

图 4-51 反手发平快球(后视 4)

党的二十大报告指出:"我们隆重庆祝中国人民解放军建军九十周年、改革开放四十周年,隆重纪念中国人民抗日战争暨世界反法西斯战争胜利七十周年、中国人民志愿军抗美援朝出国作战七十周年,成功举办北京冬奥会、冬残奥会,青年一代更加积极向上,全党全国各族人民文化自信明显增强、精神面貌更加奋发昂扬。"

2022年北京冬奥会、冬残奥会胜利举办,举国关注,举世瞩目。在冬奥申办、筹办、举办的过程中,共同创造了北京冬奥精神。北京冬奥精神就是胸怀大局、自信开放、迎难而上、追求卓越、共创未来。我们要大力弘扬北京冬奥精神,以更加坚定的自信、更加坚决的勇气,向着实现第二个百年奋斗目标奋勇前进,向着实现中华民族伟大复兴的中国梦奋勇前进。

第五章 网前技术

靠近网的球为网前球。网前球技术有挑球、放网、推球、搓球、勾球、扑球等,分进攻型技术与防守型技术,技术动作摆动幅度较小,以小臂、手腕、手指发力为主。

网前球技术主要有击球点离网近、击球角度大、力度需求小等三个特点。①对方来球飞行距离短,击球点离网近,快速回击,能够缩短对手反应时间,争取主动。②网前球落点可以到全场任一点,击球角度大,对方防守面积广。③近网球有距离和角度优势,力度需求上相对较小。网前球技术是每位运动员争取主动和防守反击的重要技术。

第一节 正手网前挑球

以右手持拍为例,正手挑球动作如图5-1~图5-4所示,其动作要领如下:

(1)身体(包括脚尖)正对着羽毛球网,右脚在前,左脚在后。双腿屈膝,重心往下。上半身前倾,双手放在胸前。眼睛看向前方,追寻羽毛球的方向。

(2)右手向右前引拍,同时右脚跨出,左手自然外伸(左手外伸的目的是保持身体平衡)。

(3)球拍与羽毛球的球托为相反方向,发力动态为后伸、外展。

(4)放松握拍,在球拍与球托击打的一刹那,手指发力将球拍握住。

正手网前挑球

羽毛球基本技术图解

图 5-1　正手挑球（正视 1）

图 5-2　正手挑球（正视 2）

图 5-3　正手挑球（正视 3）

图 5-4　正手挑球（正视 4）

图 5-5～图 5-8 是从其他角度展示正手挑球动作。

第五章 网前技术

图 5-5　正手挑球(后视 1)

图 5-6　正手挑球(后视 2)

图 5-7　正手挑球(后视 3)

图 5-8　正手挑球(后视 4)

第二节　反手网前挑球

以右手持拍为例,反手挑球动作如图 5-9～图 5-12 所示,其动作要领如下:

反手网前挑球

羽毛球基本技术图解

（1）身体（包括脚尖）正对着羽毛球网，右脚在前，左脚在后。双腿屈膝，重心往下。上半身前倾，双手放在胸前。眼睛看向前方，追寻羽毛球的方向。

（2）右手在左前方引拍，同时右脚向左前方跨出，重心前移。左手自然外伸（左手外伸的目的是保持身体平衡）。

（3）右手屈肘引拍，紧接着提肘，小臂前送，展腕发力。拍面从后向前，从下而上的运动轨迹。

（4）握拍放松，在击打球时的一刹那，拇指前顶发力。

图5-9 反手挑球（正视1）

图5-10 反手挑球（正视2）

图5-11 反手挑球（正视3）

图5-12 反手挑球（正视4）

第五章 网前技术

图 5-13～图 5-19 是从其他角度展示反手挑球动作。

图 5-13 反手挑球(左视 1)

图 5-14 反手挑球(左视 2)

图 5-15 反手挑球(左视 3)

图 5-16 反手挑球(左视 4)

羽毛球基本技术图解

图 5-17 反手挑球(右视 1)

图 5-18 反手挑球(右视 2)

图 5-19 反手挑球(右视 3)

图 5-20～图 5-22 展示了反手挑球的细节图。

第五章 网前技术

图 5-20 反手挑球细节图(1)

图 5-21 反手挑球细节图(2)

图 5-22 反手挑球细节图(3)

第三节 正手网前推球

正手推球动作如图 5-23~图 5-25 所示,其动作要领如下:

(1)准备姿势站立,左脚蹬,右脚跨。
(2)右手外旋引拍,拍面高于手腕,手腕高于小臂。
(3)在击球的一刹那,后三指回抓发力,拇指顶拍、立拍。动作小,使用爆发力。

正手网前推球

羽毛球基本技术图解

图 5-23　正手推球(左视 1)

图 5-24　正手推球(左视 2)

图 5-25　正手推球(左视 3)

图 5-26～图 5-28 是从其他角度展示正手推球动作。

第五章 网前技术

图 5-26　正手推球(右视 1)

图 5-27　正手推球(右视 2)

图 5-28　正手推球(右视 3)

图 5-29、图 5-30 是正手推球动作细节图。

羽毛球基本技术图解

图 5-29 正手推球细节图(1)

图 5-30 正手推球细节图(2)

第四节 反手网前推球

反手推球动作如图 5-31～图 5-33 所示，其动作要领如下：

(1)准备姿势站立，左脚蹬，右脚跨，做出上网击球的动作。

(2)拍面高于手腕，手腕高于小臂。

(3)球拍中杆和羽毛球网平行。反手推球的握拍，大拇指放于宽面和窄面之间的棱上。放松握拍，后三指回抓捻动发力，使用爆发力去击球。

反手网前推球

图 5-31 反手推球(正视 1)

图 5-32 反手推球(正视 2)

第五章 网前技术

图 5-33 反手推球(正视 3)

图 5-34～图 5-37 是从其他角度展示反手推球动作。

图 5-34 反手推球(左视 1)　　　图 5-35 反手推球(左视 2)

图 5-36　反手推球(右视 1)　　　图 5-37　反手推球(右视 2)

图 5-38、图 5-39 是反手推球动作细节图。

图 5-38　反手推球细节图(1)　　　图 5-39　反手推球细节图(2)

第五节　正手网前放网

正手网前放网动作如图 5-40、图 5-41 所示,其动作要领如下:

(1)准备姿势站立,左脚蹬,右脚跨,做出上网击球的动作。
(2)拍框与手腕齐平。
(3)羽毛球拍的拍面与球网成 45°角。
(4)握拍由松到紧,手指轻微发力去击打球。

正手网前放网

图 5-40　正手网前放网(1)

图 5-41　正手网前放网(2)

图 5-42～图 5-43 是正手网前放网细节图。

图 5-42　正手网前放网细节图(1)

图 5-43　正手网前放网细节图(2)

第六节　反手网前放网

反手网前放网动作如图 5-44、图 5-45 所示,其动作要领如下:

(1)准备姿势站立,左脚蹬,右脚跨,做出上网击球的动作。

(2)拍框与手腕齐平。

(3)羽毛球拍的拍面与球网成 45°角。

(4)握拍由松到紧,手指轻微发力去击打球。

反手网前放网

图 5-44　反手网前放网(1)

图 5-45　反手网前放网(2)

图 5-46、图 5-47 为反手网前放网细节图。

图 5-46　反手网前放网细节图(1)

图 5-47　反手网前放网细节图(2)

第七节　正手网前搓球

正手网前搓球动作如图 5-48～图 5-49 所示,其动作要领如下:
(1)准备姿势站立,左脚蹬,右脚跨。右手往右前上方伸展,做出上网击球动作。
(2)球拍与手腕齐平。
(3)羽毛球拍的拍面与球网成 45°角,用球拍的拍面包住球头,手指捻动发力,将球拍从与网的 45°角转至 90°角。

正手网前搓球

图 5-48　正手网前搓球(1)

图 5-49　正手网前搓球(2)

图 5-50 是正手网前搓球细节图。

图 5-50　正手网前搓球细节图

第八节 反手网前搓球

反手网前搓球动作如图 5-51、图 5-52 所示,其动作要领如下:

(1)准备姿势站立,左脚蹬,右脚跨。右手往左前上方伸展,做出上网击球动作。

(2)球拍与手腕齐平。

(3)羽毛球拍的拍面与球网成 45°角,用球拍的拍面包住球头,手指捻动发力,将球拍从与网的 45°角转至 90°角。

反手网前搓球

图 5-51 反手网前搓球(1)

图 5-52 反手网前搓球(2)

图 5-53～图 5-56 是从多角度展示反手网前搓球。

图 5-53 反手网前搓球(正视1)

图 5-54 反手网前搓球(正视2)

羽毛球基本技术图解

图5-55 反手网前搓球（右视1）

图5-56 反手网前搓球（右视2）

第九节　正手网前勾球

正手网前勾球如图5-57~图5-59所示，其动作要领如下：

(1)准备姿势站立，左脚蹬，右脚跨，做出上网击球的动作。

(2)球拍在球偏右的方向，同时两者之间留有距离，为的是有空间更好地去发力击球。

正手网前勾球

(3)右手的肘关节向身体的这一侧回拉，小臂不动，手腕跟手指捻动立拍击打。

图5-57 正手网前勾球（左视1）

图5-58 正手网前勾球（左视2）

第五章 网前技术

图 5-59　正手网前勾球(左视 3)

图 5-60～图 5-62 是从其他角度展示正手网前勾球动作。

图 5-60　正手网前勾球(右视 1)　　　图 5-61　正手网前勾球(右视 2)

羽毛球基本技术图解

图 5-62　正手网前勾球(右视 3)

图 5-63～图 5-65 是正手网前勾球动作细节图。

图 5-63　正手网前勾球细节图(1)

图 5-64　正手网前勾球细节图(2)

图 5-65　正手网前勾球细节图(3)

第十节　反手网前勾球

反手网前勾球动作如图 5-66、图 5-67 所示,其动作要领如下:

(1)准备姿势站立,左脚蹬,右脚跨,做出上网击球的动作。

(2)羽毛球拍的拍面立于羽毛球的左边,同时两者之间留有距离,为的是有空间更好地去发力击球。

(3)右手的肘关节向身体的这一侧回拉沉肘立拍,同时小臂不动,手腕转动,手指捻动发力击球。

反手网前勾球

图 5-66　反手网前勾球(左视 1)　　图 5-67　反手网前勾球(左视 2)

图 5-68~图 5-71 是从其他角度展示反手网前勾球动作。

图 5-68　反手网前勾球(正视 1)　　图 5-69　反手网前勾球(正视 2)

图 5-70 反手网前勾球(右视 1)

图 5-71 反手网前勾球(右视 2)

图 5-72、图 5-73 是反手网前勾球动作细节图。

图 5-72 反手网前勾球细节图(1)

图 5-73 反手网前勾球细节图(2)

第十一节　正手网前扑球

正手网前扑球动作如图 5-74~图 5-76 所示,其动作要领如下:

(1)身体往右前上方蹬跨。
(2)展腕立拍。
(3)用手腕手指的力量内旋发力。
(4)击球点一定要高,动作小、速度快,使用爆发力。

正手网前扑球

第五章 网前技术

图 5-74 正手网前扑球(左视 1)

图 5-75 正手网前扑球(左视 2)

图 5-76 正手网前扑球(左视 3)

图 5-77～图 5-82 是从其他角度展示正手网前扑球动作。

图5-77　正手网前扑球(右视1)

图5-78　正手网前扑球(右视2)

图5-79　正手网前扑球(右视3)

图5-80　正手网前扑球(后视1)

第五章 网前技术

图 5-81 正手网前扑球(后视 2)　　图 5-82 正手网前扑球(后视 3)

第十二节　反手网前扑球

反手网前扑球动作如图 5-83、图 5-84 所示,其动作要领如下:

(1)身体重心往左前上方蹬跨。
(2)球拍往后,展腕、引拍。
(3)拇指前顶,后三指下扣制动发力。
(4)击球点一定要高,动作小、速度快,使用爆发力。在球击打完后,拍面是往下的。

反手网前扑球

图 5-83 反手网前扑球(左视 1)　　图 5-84 反手网前扑球(左视 2)

图 5-85～图 5-88 是从其他角度展示反手网前扑球动作。

图 5-85　反手网前扑球(正视 1)

图 5-86　反手网前扑球(正视 2)

图 5-87　反手网前扑球(右视 1)

图 5-88　反手网前扑球(右视 2)

图 5-89、图 5-90 是反手网前扑球动作细节图。

第五章 网前技术

图 5-89 反手网前扑球细节图(1)

图 5-90 反手网前扑球细节图(2)

党的二十大报告指出:"中国式现代化是物质文明和精神文明相协调的现代化。物质富足、精神富有是社会主义现代化的根本要求。物质贫困不是社会主义,精神贫乏也不是社会主义。我们不断厚植现代化的物质基础,不断夯实人民幸福生活的物质条件,同时大力发展社会主义先进文化,加强理想信念教育,传承中华文明,促进物的全面丰富和人的全面发展。"

在各个时期的世界体育舞台上,中国体育健儿奋勇争先、顽强拼搏,不断在国际赛场升国旗、奏国歌,极大增强了中华儿女的爱国热情和民族自豪感,增强了中华民族的凝聚力、向心力、自信心。体育有着凝心聚气的独特作用,蕴含的竞争精神、敢赢必胜精神,为实现中华民族伟大复兴不断注入强大精神力量。

第六章 中场技术

中场位置的球距离比网前球远，比后场球近，但离运动员最近、击球移动距离短，是进攻和防守反攻的重要区域。"快"和"控"是中场技术非常重要的两个方面。中场球离身体近，抢"第一击球点"击球是缩短对方反应时间、争取主动、加快进攻节奏的有效途径；击球点越前，球在本方时间越短，击球点就越高，回击就越快。因此，"快"是中场技术第一要点。

中场击球的角度比网前小，比后场球大，击球力度、线路、拍面的控制都很重要。高点击球虽然是进攻，但击球力度、线路、拍面控制不好也容易造成下网、出界等主动失误；低点击球控制好也可形成反攻局势，控制不好就给对方提供了连续进攻的机会。因此，"控"也是中场技术的重点。

中场技术主要包括正手直线（斜线）挡网（接杀）、反手直线（斜线）挡网（接杀）、正手抽球、反手抽球。

第一节 正手直线（斜线）挡网（接杀）

正手直线（斜线）挡网（接杀）动作如图 6-1～图 6-16 所示。

正手直线挡网（接杀）动作要领如下：

（1）准备动作，两脚与肩同宽自然分立于中场稍偏后一点的位置上，重心降低，双眼注视对方的击球动作，呈接球前的准备姿势。

（2）身体右倾，左脚蹬，右脚跨。右手向右侧伸出，前臂外旋，手腕稍做外展引拍。

正手直线挡网

（3）前臂内旋稍翻转带动球拍由右下向前上方推送击球。

正手斜线挡网（接杀）动作要领如下：

（1）准备动作，两脚与肩同宽自然分立于中场稍偏后一点的位置上，重心降低，双眼注视对方的击球动作，呈接球前的准备姿势。

正手斜线挡网

(2)身体右倾,左脚蹬,右脚跨。右手向右侧伸出,前臂外旋,手腕稍做外展引拍。

(3)在肘关节屈收的同时前臂稍有内旋,手腕由后伸到内收,闪动击球托的右侧。击球点在右前侧,手腕手指控制拍面角度。

图6-1 正手直线(斜线)挡网(接杀)（正视1）

图6-2 正手直线(斜线)挡网(接杀)（正视2）

图6-3 正手直线(斜线)挡网(接杀)（正视3）

图6-4 正手直线(斜线)挡网(接杀)（正视4）

图 6-5 正手直线(斜线)挡网(接杀)（右视 1）

图 6-6 正手直线(斜线)挡网(接杀)（右视 2）

图 6-7 正手直线(斜线)挡网(接杀)（右视 3）

图 6-8 正手直线(斜线)挡网(接杀)（右视 4）

图 6－9　正手直线(斜线)挡网(接杀)
(后视 1)

图 6－10　正手直线(斜线)挡网(接杀)
(后视 2)

图 6－11　正手直线(斜线)挡网(接杀)
(后视 3)

图 6－12　正手直线(斜线)挡网(接杀)
(后视 4)

图 6-13　正手直线(斜线)挡网(接杀)
(左视 1)

图 6-14　正手直线(斜线)挡网(接杀)
(左视 2)

图 6-15　正手直线(斜线)挡网(接杀)
(左视 3)

图 6-16　正手直线(斜线)挡网(接杀)
(左视 4)

第二节 反手直线(斜线)挡网(接杀)

反手直线(斜线)挡网(接杀)如图 6-17~图 6-28 所示。

反手直线挡网(接杀)动作要领如下：

(1)准备动作，两脚与肩同宽自然分立于中场稍偏后一点的位置上，重心降低，双眼注视对方的击球动作，呈接球前的准备姿势。

(2)身体左倾，左脚向左跨一步，蹬转迈右脚。右肩对网，右肘弯曲，手腕外展，引拍至左肩前上方。

(3)击球时，前臂带动球拍由左上方向左前方用拇指的顶力挥拍击打球托，将球挡回直线网前。

反手直线挡网

反手斜线挡网(接杀)动作要领如下：

(1)准备动作，两脚与肩同宽自然分立于中场稍偏后一点的位置上，重心降低，双眼注视对方的击球动作，呈接球前的准备姿势。

(2)身体左倾，左脚向左跨一步，蹬转迈右脚。右肩对网，右肘弯曲，手腕外展，引拍至左肩前上方。

(3)击球时，手腕外展闪动挥拍球托的左侧下部。

反手斜线挡网

图 6-17 反手直线(斜线)挡网(接杀)(正视 1)

图 6-18 反手直线(斜线)挡网(接杀)(正视 2)

图6-19 反手直线(斜线)挡网(接杀)
(正视3)

图6-20 反手直线(斜线)挡网(接杀)
(左视1)

图6-21 反手直线(斜线)挡网(接杀)
(左视2)

图6-22 反手直线(斜线)挡网(接杀)
(左视3)

第六章 中场技术

图 6-23 反手直线(斜线)挡网(接杀)（右视 1）

图 6-24 反手直线(斜线)挡网(接杀)（右视 2）

图 6-25 反手直线(斜线)挡网(接杀)（右视 3）

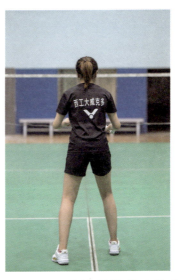

图 6-26 反手直线(斜线)挡网(接杀)（后视 1）

图6-27 反手直线(斜线)挡网(接杀)(后视2)

图6-28 反手直线(斜线)挡网(接杀)(后视3)

第三节 正手抽球

正手抽球动作如图6-29~图6-52所示。其动作要领如下:

(1)双脚站于中后场,两脚与肩同宽,重心在两脚间,微收腹屈膝,正手握拍放置于胸前。

(2)右脚后侧做交叉步,击球前肘关节后摆,前臂稍往后带外旋,手腕外展,引拍至体后。

(3)击球时,前臂内旋,手腕伸直闪腕,手指紧握拍柄,球拍由右后方往右前方高速平扫,抽击来球。

正手抽球

图6-29 正手抽球(正视1)

图6-30 正手抽球(正视2)

图 6-31 正手抽球(正视 3)

图 6-32 正手抽球(正视 4)

图 6-33 正手抽球(正视 5)

图 6-34 正手抽球(正视 6)

图 6-35 正手抽球(右视 1)

图 6-36 正手抽球(右视 2)

图 6-37 正手抽球(右视 3)

图 6-38 正手抽球(右视 4)

第六章 中场技术

图 6-39 正手抽球（右视 5）

图 6-40 正手抽球（右视 6）

图 6-41 正手抽球（后视 1）

图 6-42 正手抽球（后视 2）

图 6-43　正手抽球(后视 3)

图 6-44　正手抽球(后视 4)

图 6-45　正手抽球(后视 5)

图 6-46　正手抽球(后视 6)

第六章 中场技术

图 6-47 正手抽球(左视 1)

图 6-48 正手抽球(左视 2)

图 6-49 正手抽球(左视 3)

图 6-50 正手抽球(左视 4)

羽毛球基本技术图解

图 6-51　正手抽球(左视 5)　　　图 6-52　正手抽球(左视 6)

第四节　反手抽球

反手抽球动作如图 6-53～图 6-68 所示。其动作要领如下：

(1) 双脚站于中后场，两脚与肩同宽，重心在两脚间，微收腹屈膝，正手握拍放置于胸前。

(2) 左脚后侧，右脚前交叉在左侧前，重心在左脚上，右手反手握拍在左侧前。击球前肘部稍上抬，前臂内旋，手腕外展，引拍至左侧。

(3) 击球时，髋部右转，带动前臂外旋，手腕稍内收，闪腕将球击向对方后场。

反手抽球

第六章 中场技术

图 6-53 反手抽球(正视 1)

图 6-54 反手抽球(正视 2)

图 6-55 反手抽球(正视 3)

图 6-56 反手抽球(正视 4)

羽毛球基本技术图解

图 6-57　反手抽球(左视 1)

图 6-58　反手抽球(左视 2)

图 6-59　反手抽球(左视 3)

图 6-60　反手抽球(左视 4)

第六章 中场技术

图 6-61 反手抽球(后视 1)

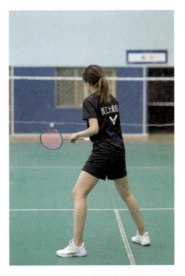

图 6-62 反手抽球(后视 2)

图 6-63 反手抽球(后视 3)

图 6-64 反手抽球(后视 4)

羽毛球基本技术图解

图6-65　反手抽球(右视1)

图6-66　反手抽球(右视2)

图6-67　反手抽球(右视3)

图6-68　反手抽球(右视4)

党的二十大报告指出:"推进健康中国建设。人民健康是民族昌盛和国家强

盛的重要标志。把保障人民健康放在优先发展的战略位置,完善人民健康促进政策。"

体育在促进全民健康、推进健康中国建设的进程中发挥着举足轻重的作用。体育是实现健康的重要手段,健康是体育功能有效释放的目标。国家实施全民健身计划,提高全民身体素质,为全民健康的实现提供了有力的保障和支撑。

第七章 后场技术

羽毛球后场技术有高远球、吊球、杀球等,分进攻型和防守型技术两类,是羽毛球运动摆动幅度最大的技术,很多动作需要躯干和四肢协调参与运动,体现发力的整体性和协调性。后场技术的侧身、转体、挥臂与标枪、排球扣杀、篮球扣篮一样,是需要全身参与的运动。躯干运动方式以扭转和摆动为主,下肢以蹬跨、摆动为主,上肢以摆动完成鞭打动作。先是侧身准备,让身体有发力空间。整体动作分三个阶段:第一阶段,侧身、后仰、起跳、转身,充分拉长肌肉;第二阶段,躯干带动四肢摆动发力,各环节依次发力、制动;第三阶段,小臂和手指肌肉收缩,以腕关节和指关节为轴,加速发力和制动,增加击球瞬间动能。各阶段任务不同,只有连贯性好,动作的动力利用率才高。

第一节 高远球

高远球在羽毛球技术中既属于进攻型技术也属于过渡和防守型技术。高远球分正手为高远球、头顶高远球、反手高远球三种类型。高远球的飞行幅度高,球速较慢,适合过渡和防守时使用,可将对方调动到底线,达到破坏对方进攻节奏、为自己争取回位时间的目的。

一、正手高远球

正手高远球包括准备动作、侧身架拍、转体顶肘倒拍、内旋发力、收拍等步骤。正手高远球动作如图7-1~图7-5所示,其动作要领如下:

正手高远球

(1)准备动作。双脚分开与肩同宽,右脚在前,左脚在后。双腿屈膝,重心往下,双手放在胸前。

(2)侧身架拍,右脚蹬地,右腿后拉。身体侧对着羽毛球网,左手的肘关节斜对着羽毛球网。右手屈肘,重心在右腿上。

(3)转体顶肘倒拍,右脚蹬转,向左转体转髋,使身体正对着羽毛球网。

(4)小臂内旋发力,带动手腕加速向前上方挥拍,手臂打直,在最高击球点击球。
(5)右手画 1/4 圆,球拍顺势放下(往左边收拍),右脚前跟,回到准备动作。

图 7-1　正手高远球(正视 1)

图 7-2　正手高远球(正视 2)

图 7-3　正手高远球(正视 3)

图 7-4　正手高远球(正视 4)

羽毛球基本技术图解

图 7-5　正手高远球(正视 5)

图 7-6～图 7-20 是从其他角度展示正手高远球动作。

图 7-6　正手高远球(右视 1)　　　图 7-7　正手高远球(右视 2)

第七章 后场技术

图 7-8 正手高远球(右视 3)

图 7-9 正手高远球(右视 4)

图 7-10 正手高远球(右视 5)

图 7-11 正手高远球(左视 1)

图 7-12　正手高远球(左视 2)

图 7-13　正手高远球(左视 3)

图 7-14　正手高远球(左视 4)

图 7-15　正手高远球(左视 5)

第七章 后场技术

图 7-16　正手高远球(后视 1)

图 7-17　正手高远球(后视 2)

图 7-18　正手高远球(后视 3)

图 7-19　正手高远球(后视 4)

图 7-20　正手高远球(后视 5)

二、头顶高远球

头顶高远球包括准备动作、侧身架拍、转体顶肘倒拍、小臂内旋发力、收拍等步骤。头顶高远球动作如图 7-21~图 7-25 所示,其动作要领如下：

(1)准备动作。双脚分开与肩同宽,右脚在前,左脚在后,左脚是右脚的一半。双腿屈膝,重心往下,双手放在胸前。

(2)侧身架拍,右脚蹬地,右腿后拉。身体侧对着羽毛球网,左手的肘关节斜对着羽毛球网。右手屈肘,重心在右腿上。

(3)转体顶肘倒拍,右脚蹬转,向左转体转髋。

(4)小臂内旋发力,带动手腕加速向前上方挥拍,手臂打直,在最高击球点击球。头顶高远球与正手高远球不同点就在于,头顶高远球的击球点偏左肩上方。跳起击球时,身体偏左倾斜,落地时左脚向左后方摆动幅度大些。

(5)右手画 1/4 圆,球拍顺势放下(往左边收拍),右脚前跟,回到准备动作。

第七章 后场技术

图 7-21 头顶高远球(正视 1)

图 7-22 头顶高远球(正视 2)

图 7-23 头顶高远球(正视 3)

图 7-24 头顶高远球(正视 4)

羽毛球基本技术图解

图 7-25　头顶高远球（正视 5）

图 7-26～图 7-40 是从其他角度展示头顶高远球动作。

图 7-26　头顶高远球（右视 1）

图 7-27　头顶高远球（右视 2）

图 7-28 头顶高远球(右视 3)

图 7-29 头顶高远球(右视 4)

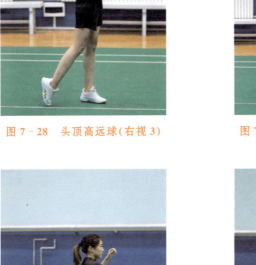

图 7-30 头顶高远球(右视 5)

图 7-31 头顶高远球(左视 1)

羽毛球基本技术图解

图 7-32 头顶高远球(左视 2)

图 7-33 头顶高远球(左视 3)

图 7-34 头顶高远球(左视 4)

图 7-35 头顶高远球(左视 5)

第七章 后场技术

图 7-36 头顶高远球(后视 1)

图 7-37 头顶高远球(后视 2)

图 7-38 头顶高远球(后视 3)

图 7-39 头顶高远球(后视 4)

图 7-40　头顶高远球(后视 5)

三、反手高远球

反手高远球包括准备动作、转体引拍、转体顶肘倒拍、小臂内旋发力、收拍等步骤。反手高远球动作如图 7-41～图 7-45 所示，其动作要领如下：

(1)准备动作。双脚分开与肩同宽，右脚在前，左脚在后。双腿屈膝，重心往下，双手放在胸前。

反手高远球

(2)转体引拍。左脚向左后方迈出，身体向左转体转髋，身体背对球网重心移至右脚。同时，握拍从正手握拍转换成反手握拍，向左后方引拍。

(3)抬肘展腕。击球时，肘部上抬，带动前臂极速外旋展腕，拇指和手腕发力，将球击向对方后场。若用拍面击来球球托左下方，则球会沿对角线方向飞行，从而变为击斜线高球。

(4)随势挥拍。击球完毕后，球拍随势挥至身体右上方。

第七章　后场技术

图7-41　反手高远球(正视1)

图7-42　反手高远球(正视2)

图7-43　反手高远球(正视3)

图7-44　反手高远球(正视4)

图 7-45　反手高远球(正视 5)

图 7-46～图 7-60 是从其他角度展示反手高远球动作。

图 7-46　反手高远球(右视 1)

图 7-47　反手高远球(右视 2)

第七章 后场技术

图 7-48 反手高远球(右视 3)

图 7-49 反手高远球(右视 4)

图 7-50 反手高远球(右视 5)

图 7-51 反手高远球(后视 1)

图 7-52 反手高远球(后视 2)

图 7-53 反手高远球(后视 3)

图 7-54 反手高远球(后视 4)

图 7-55 反手高远球(后视 5)

第七章 后场技术

图 7-56 反手高远球(左视 1)

图 7-57 反手高远球(左视 2)

图 7-58 反手高远球(左视 3)

图 7-59 反手高远球(左视 4)

羽毛球基本技术图解

图 7-60　反手高远球(左视 5)

第二节　吊　　球

吊球既是进攻型技术也是防守和过渡型技术,分为正手吊球、反手吊球、劈吊、滑板吊球四种。吊球技术的用力也遵循后场动作技术原理。在击球前尽量与高球、杀球一致,击球瞬间在击球点、击球角度和挥臂速率上与高球、杀球技术有明显区别。

一、正手吊球

正手吊球动作如图 7-61～图 7-65 所示,其动作要领如下:

(1)准备动作。双脚分开与肩同宽,右脚在前,左脚在后。双腿屈膝,重心往下,双手放在胸前。

(2)侧身架拍,右脚蹬地,右腿后拉。身体侧对着羽毛球网,左手的肘关节斜对着羽毛球网。右手屈肘,重心在右腿上。

(3)转体顶肘倒拍,右脚蹬转,向左转体转髋,高点击球。

(4)上臂带动前臂,向前上方挥拍,手臂部发力,手腕轻微发力。

(5)球拍对准球头,做滑、切或者轻打的动作。

正手吊球

图 7-61 正手吊球(正视 1)

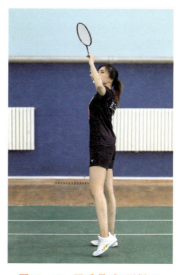

图 7-62 正手吊球(正视 2)

图 7-63 正手吊球(正视 3)

图 7-64 正手吊球(正视 4)(球往右)

图 7-65　正手吊球(正视 5)

注意：

直线：正拍面切、削球托左下方；斜线：正拍面切、削球托右侧，向左下方挥拍。

图 7-66～图 7-76 是从其他角度展示正手吊球动作。

图 7-66　正手吊球(右视 1)

图 7-67　正手吊球(右视 2)

第七章 后场技术

图 7-68　正手吊球(右视 3)

图 7-69　正手吊球(右视 4)

图 7-70　正手吊球(右视 5)

图 7-71　正手吊球(左视 1)

羽毛球基本技术图解

图7-72 正手吊球(左视2)

图7-73 正手吊球(左视3)

图7-74 正手吊球(左视4)

图7-75 正手吊球(左视5)

图 7-76　正手吊球(左视 6)

二、反手吊球

反手吊球动作如图 7-77～图 7-80 所示,其动作要领如下:

(1)准备动作。双脚分开与肩同宽,右脚在前,左脚在后。双腿屈膝,重心往下,双手放在胸前。

(2)左脚向左后方迈出,身体向左转体转髋,身体背对球网重心移至右脚。同时,握拍从正手握拍转换成反手握拍,向左后方引拍。

反手吊球

(3)右手顺势从左下方引拍迎球,此时反手握拍时拇指应该顶着较窄的面,对着球拍的竖立面,这样既可以做直线吊球,也可以做斜线吊球。

(4)目视来球方向,迅速向右转体,肘部上抬,小臂外旋带动手腕、手指发力。

图 7-77 反手吊球(正视 1)

图 7-78 反手吊球(正视 2)

图 7-79 反手吊球(正视 3)

图 7-80 反手吊球(正视 4)

三、正手劈吊斜线

正手劈吊斜线动作如图 7-81～图 7-85 所示,其动作要领如下：

(1)准备动作。双脚分开与肩同宽,右脚在前,左脚在后。

劈吊

双腿屈膝,重心往下,双手放在胸前。

(2)侧身架拍,右脚蹬地,右腿后拉。身体侧对着羽毛球网,左手的肘关节斜对着羽毛球网。右手屈肘,重心在右腿上。

(3)转体顶肘倒拍,右脚蹬转,向左转体转髋。

(4)向前引臂击球,手臂向上挥至最高点,前臂外旋带动手腕、手指下压。

(5)球拍向右前方滑动,拍面切球托右后侧,使球向前下方飞行,击球后球拍顺势挥至身体左侧。

图 7-81 正手劈吊斜线(正视 1)

图 7-82 正手劈吊斜线(正视 2)

图 7-83 正手劈吊斜线(正视 3)

图 7-84 正手劈吊斜线(正视 4)

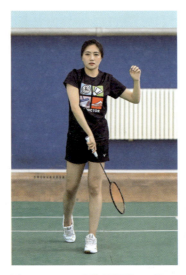

图 7-85 正手劈吊斜线(正视 5)

四、头顶滑板吊斜线

头顶滑板吊斜线动作如图 7-86～图 7-90 所示,其动作要领如下:

(1)准备动作。双脚分开与肩同宽,右脚在前,左脚在后。双腿屈膝,重心往下,双手放在胸前。

(2)侧身架拍,右脚蹬地,右腿后拉。身体侧对着羽毛球网,左手的肘关节斜对着羽毛球网。右手屈肘,重心在右腿上。

(3)小臂和手腕快速向前内旋下压,球拍向左前方滑动,斜拍面击打球托左后侧。

第七章 后场技术

图 7-86 头顶滑板吊斜线(右视 1)

图 7-87 头顶滑板吊斜线(右视 2)

图 7-88 头顶滑板吊斜线(右视 3)

图 7-89 头顶滑板吊斜线(右视 4)

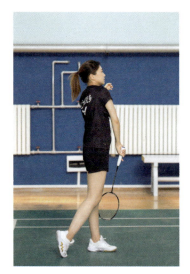

图 7-90　头顶滑板吊斜线(右视 5)

第三节　杀　　球

杀球是进攻型技术,是可直接导致对方被动,甚至可直接得分的技术。杀球主要是正手杀球,包括直线和斜线等。杀球动作如图 7-91～图 7-95 所示,其动作要领如下:

正手杀球

(1)准备动作。双脚分开与肩同宽,右脚在前,左脚在后。双腿屈膝,重心往下,双手放在胸前。

(2)侧身架拍,右脚蹬地,右腿后拉。身体侧对着羽毛球网,左手的肘关节斜对着羽毛球网。右手屈肘,重心在右腿上。同时注意迎球时提前移动到球的右后方,握拍要松。

(3)转体顶肘倒拍,右脚蹬转,向左转体转髋。

(4)击球前手臂保持充分放松,击球时小臂带动手腕快速外旋,向前上方挥动。

第七章 后场技术

图 7-91 杀球(正视 1)

图 7-92 杀球(正视 2)

图 7-93 杀球(正视 3)

图 7-94 杀球(正视 4)

羽毛球基本技术图解

图 7-95　杀球(正视 5)

注意:杀球的击球点比高远球更靠前。

党的二十大报告指出:"坚守中华文化立场,提炼展示中华文明的精神标识和文化精髓,加快构建中国话语和中国叙事体系,讲好中国故事、传播好中国声音,展现可信、可爱、可敬的中国形象。加强国际传播能力建设,全面提升国际传播效能,形成同我国综合国力和国际地位相匹配的国际话语权。深化文明交流互鉴,推动中华文化更好走向世界。"

体育文化建设是社会主义文化建设的重要组成部分,体育文化在社会主义文化建设和体育强国建设中发挥着重要作用。广大体育工作者在长期实践中总结出了以"为国争光、无私奉献、科学求实、遵纪守法、团结协作、顽强拼搏"为主要内容的中华体育精神。中华体育精神是社会主义先进文化的重要内容,体现着人们的价值追求,对提高民族自信心、增强民族凝聚力、振奋民族精神发挥着尤为重要的作用。"祖国至上、团结协作、顽强拼搏、永不言败"的女排精神被一代代排球人发扬光大,是推动我国体育事业发展的澎湃动力。我们要大力弘扬中华体育精神、女排精神等,进一步发挥体育文化的社会价值,丰富其时代内涵,为体育强国建设凝聚强大的精神力量。

参考文献

[1] 中国羽毛球协会. 羽毛球竞赛规则(2021). 北京:人民体育出版社,2021.
[2] 郑其适,陈浩. 羽毛球训练教程. 北京:高等教育出版社,2016.
[3] 王琳. 青少年羽毛球运动从入门到精通. 北京:人民邮电出版社,2019.
[4] 格赖斯. 羽毛球运动从入门到精通. 北京:人民邮电出版社,2017.
[5] 杨恒,王家彬. 新编羽毛球教程. 西安:西北工业大学出版社,2007.
[6] 牛清梅,杨茜,欧阳南军. 羽毛球运动. 西安:西北工业大学出版社,2020.
[7] 舜田圭太. 图解羽毛球技术和战术. 北京:人民邮电出版社,2018.
[8] 王琳. 跟冠军学打羽毛球. 北京:人民邮电出版社,2018.